ET

AF548348

Edition Talberg

Weitere Bücher von Jörn Pfennig:

Grundlos zärtlich (Gedichte)
Keine Angst, dich zu verlieren (Gedichte)
Liebeslänglich (Gedichte), Verlass dich nicht (Gedichte)
Abschied von der Männlichkeit (eigener Bericht)
Das Lesebuch (schwarz-weiß-bunte Mischung)

www.edition-talberg.de

Verlag: Edition Talberg 29439 Lüchow

Herstellung: Books on Demand GmbH Norderstedt
Umschlag: J.Pfennig
ISBN 978-3-943869-06-4

Das Buch

Ob Papst oder Politik, Fußball oder Finanzamt, Macht oder Moral - es gibt kaum ein Thema, das Jörn Pfennig kein Gedicht entlocken könnte. Was ihm ins Visier gerät, das trifft er mit einer gehörigen Portion Sarkasmus.
HAND AUFS HIRN, das sind eigenwillige Alltags-Gedichte - mal skurril, mal frech, mal liebenswürdig, mal unverschämt; Gedichte, die aus dem Stoff gemacht sind, den man in der Zeitung, im Fernsehen, in der Wohnung nebenan oder bei sich selber findet.
Ein niederschlagsreicher sozialkritischer Wetterbericht!

Der Autor

Jahrgang 1944. Jugend in Tübingen. Studium der Theaterwissenschaft in München. Dort und anderswo tätig in diversen Kreativ-Bereichen: Texte und Kompositionen, öffentliche Auftritte und Schallplattenproduktionen als 'Liedermacher'. Autor und Moderator bei verschiedenen Rundfunk- und Fernsehanstalten. Entwickler von Erwachsenen-Spielen. Dreher eines Films und so weiter und so fort. Immer schon Jazzmusiker (Klarinette + Saxofon).
Mit dem ersten Buch GRUNDLOS ZÄRTLICH (1979) unversehene Wandlung vom Texter zum Dichter. Noch unversehener: das Buch wird zum Bestseller. Weitere Bücher folgen, Lyrik und Prosa. Parallel dazu verschiedenartige musikalische Projekte inkl. Kombinationen von Musik und Poesie u.a. mit dem Jazz & Lyrik-Trio WAHNDREIECK.
J.P. lebt in München.

www.joernpfennig.de

JÖRN PFENNIG

Hand aufs Hirn

ziemliche Gedichte

Edition Talberg

Vorher gesagt

Nach der erfreulichen Resonanz auf meinen Erstling GRUNDLOS ZÄRTLICH (1979), der ganz und gar dem Thema 'Liebe usw.' gewidmet war, hatte ich eine unbestimmte Furcht, in eine deutsche Schublade zu geraten bzw. der Erwartung von ‘noch so was’ nachzugeben. Vorsichtshalber ließ ich also in meinem Zweitling HAND AUFS HIRN (1981) ausschließlich andere Seiten (Saiten?) aus mir klingen: die satirischen, die boshaften, die politischen ...

"Alles wird anders, aber nichts ändert sich" - wie treffend diese russische Volksweisheit ist, möge sich den geneigten Lesern dieser wiederveröffentlichten, manchmal ziemlich unziemlichen Gedichte erschließen, auch wenn der eine oder andere zeitgeschichtliche Bezug die Erinnerung ein klein wenig herausfordert. Oder anders: Der Pfennig war damals noch nicht zum Cent geadelt - und hinter ein solches statement setzt man heute ein ☺ ...

Sommer 2014

Legende

Eines Tages
fiel vom Himmel
ein Heiligenstein
schlug durch
sämtliche Gehirne
und drückte mit Macht
auf die Gedärme.
Seitdem haben wir
den Heiligen Stuhl.

Sozialkritischer Wetterbericht

In höheren Lagen
überwiegend
heiter.
In Niederungen
neblig trüb
mit gelegentlichen
Niederschlägen.
Stellenweise
Frust.

Antrag

Ich meine:
nach einem Jahr
der Frau
und einem Jahr
des Kindes
wird es wieder
höchste Zeit
für ein ungestörtes
Jahrhundert
des Mannes.

Tempolimit

Nie soll der Staat
es wagen
die Freiheit
des mündigen Bürgers
einzuschränken.
Schließlich ist es
ihr zu verdanken
dass damals überhaupt
Autobahnen
gebaut wurden.

Wen wundert's da?

Sojus Sowjetskich
Sozialistitscheskich
Respublik -
das klingt ja schon
so unappetitlich.

Assoziation

Zigeunerjunge, Zigeunerjunge
patampa, patampa
pataa ...
summte die Hausfrau
ihren Lieblingsschlager
während sie
die Unterschriftensammlung
bereicherte
gegen einen nahe gelegenen
Stellplatz
für Landfahrer.

Gleich zwei

Der Pfarrer
hat was gepredigt
von Sünde
und Fegefeuer
und von Jesus
der gesagt hat
lasset die Kindlein
zu mir kommen.
Nach der Kirche
sprang Irmi, 15
mit ihrem dicken Bauch
von der Brücke
da hatte Jesus gleich zwei.

Rechnen sechs!

Als er sie ins Kino einlud
sagte sie: Na gut, okay!
ließ ein bisschen
Gnade mitklingen
und dachte:
Der bildet sich wohl ein
er könnte auf die Tour …

Nach dem Kino schlug er vor
ein Glas Wein zu trinken.
Sie sagte: Na gut, okay!
ließ ein bisschen
Widerwillen mitklingen
und dachte:
Na, die Typen kenn ich
aber nicht mit mir!

Nach dem Glas Wein
bot er an
sie nach Hause zu fahren.
Sie sagte: Na gut, okay!
ließ ein bisschen
Abscheu mitklingen
und dachte:
Wehe, der fängt an
zu fummeln!

Während der Fahrt
fummelte er nicht.
Vor ihrem Haus
fummelte er nicht.
Er sagte nur:
Vielen Dank und gute Nacht!
gab ihr einen kleinen Kuss
auf die Wange
und fuhr weg.

Sie war entsetzt
und fragte sich:
Bin ich denn
überhaupt nicht
attraktiv?

Sozialer Akt

Als der Herr Doktor
ihr sagte
er könne aufgrund
seiner profunden
geriatrischen Empirik
bei ihren cancerogenen
retrosternalen Pressionen
ihren baldigen Exitus
nicht ausschließen
da strahlte die alte Frau
glücklich
dass er sie
solch wichtiger Worte
für wert hielt.

Erntedank

Bübchen sagt
dass es seine Erziehung
nicht genießt
und erntet zum Dank
ein paar
hinter die Löffel.

Heiliger Krieg

Gestern hat wieder
eine Bombe
ein paar Kinder
zerfetzt
die keine Ahnung hatten
wer das eigentlich ist
in dessen Namen
sie sterben
mussten.

Gebrochener Maßstab

Befragt
zu dem Umstand
dass der pensionierte
Rechtsbeistand D.
seine Frau
nach zwanzig Jahren Ehe
mit der Axt erschlagen
und sich selber
die Pulsadern
aufgeschnitten habe
sagte die Nachbarin
fassungslos:
Die hatten doch
ein Ferienhaus
auf Teneriffa …

Außerirdische Begegnung

Da schicken die
doch tatsächlich
im Voyager I
eine goldene Schallplatte
in den Weltraum
mit Grußbotschaften
in 55 Sprachen -
als gäbe es dort
nicht vielleicht
eine 56. Sprache
aber Plattenspieler.

Im Volksmund: vergewohltätigt

(Trilogie)

I

Sie kleidete sich so
wie es ein Mann
gerne sieht.

Eines Nachts
sah sie ein Mann
zu gerne
und zerrte sie
ins Gebüsch.

Auf der Wache
sagte ein Mann:
Kein Wunder
wenn man
so rumläuft!

II

Ich bitte Sie
meine Herren
versetzen Sie sich
doch einmal in die Lage
meines Mandanten:
Er kommt
aus einem Pornokino
geht durch
die laue Sommernacht
ist verständlicherweise
ein bisschen
aufgeregt.
Kann man ihm
zum Vorwurf machen
dass dieses Mädchen
alleine war?
Kann man ihm
zum Vorwurf machen
dass dieses Mädchen
hübsch war?
Kann man ihm
zum Vorwurf machen
dass da zufällig
ein Gebüsch war?
Ich bitte Sie
meine Herren ...

III

Und nun
schildern Sie uns
noch einmal
mit allen Details
wie Sie
vergewaltigt
wurden.
Wir werden dann
entscheiden
ob Sie schuldig sind
oder nicht.

Keineswegs schwul!

Der zärtlichste Sport
ist nach wie vor
der Fußball.
Wenn da einer
ein Tor schießt
dann fallen die andern
über ihn her
wie eine
Streicheleinheit.

Beweis

Es sind Gründe
die den gesunden Teil
des deutschen Volkes
veranlassen
die Gastarbeiter
heutzutage
abzulehnen.
Wären es Vorurteile -
wie hätte es je
ein Gastarbeiter
so weit bringen können
wie der eine damals
1933 bis 45?

Bisschen Glück

Der Edi hat
in der Fußgängerzone
Telly Savalas gesehn.

Die Kathi war
im selben Flugzeug
wie Dizzy Gillespie.

Der Micki hat
im Rockkonzert
direkt hinter
Heidi Brühl gesessen.

Tja, ein bisschen Glück
braucht der Mensch!

Abgekuckt

Kinder können
grausam sein -
aber erst mal
müssen sie's
lernen.

Höchste Zeit

Sie leben zusammen
in wilder Ehe.

Wenn er sie nervt
knallt sie die Türen.
Wenn sie ihn nervt
rennt er weg und betrinkt sich.

Ihre Eltern halten ihn
für einen Versager.
Seine Eltern halten sie
für eine Emanze.

Gemeinsam ist beiden
nur gnadenlose Eifersucht.

Höchste Zeit
dass sie aufhört
diese wilde Ehe -
höchste Zeit
dass sie heiraten!

Statement

Wir sehen uns
außerstande
einen Autoreifen
zu entwickeln
der das Überleben
unserer Firma garantiert
und
das der Autofahrer.

Verrutschter Lorbeer

I

Am Stammtisch
feierten die Herren.
Einer der ihren
hatte einen Sohn
bekommen -
und das auch noch
per Kaiserschnitt.

II

... oder wie
der Quizmaster
die Kandidaten fragte
- ein jungvermähltes
Traumpaar -
wieviel Kinder
solln's denn mal sein?
Und die blühende Gattin
säuselte:
In unserem Familienbüchlein
ist Platz für acht ...
Und wie dann
der Quizmaster
dem stolzen Gatten
anerkennend
die Hand schüttelte
und sagte:
Na, das wäre ja
eine ganz tolle
Leistung!

Gelbe Gefahr

Ob die wohl meinen
sie müssten sich weniger
fürchten
wenn sie den
Filmchinesen
immer
diese piepsigen Stimmchen
verpassen?

Zur Nachahmung

Ein Mensch
fiel
aus der Rolle.
Anstatt
sich das Genick
zu brechen
landete er weich
im Eigentlichen.

Nichts dagegen

Da mache ich
mit der Freundin
eines Freundes
aus:
Wir werden einmal
miteinander reden
beim Tee
wir zwei ohne ihn
bei mir
irgendwann.
Sie hat's ihm
erzählt.
Da ruft er mich an
und sagt
er hat nichts dagegen.
Woher nimmt er
das Recht?

Der nicht!

Bei mir an der Wand
hängt seit Jahren
ein Hampelmann.
Ich habe ihn heute
nach langer Zeit
einmal wieder
bemerkt.
Er konnte nicht
dankbar sein -
beneidenswert.

Ungefragt

Die Mutter
will es haben.
Der Vater
will es nicht haben.
Der Herr Doktor will
dass die Eltern
es haben wollen.
Der Herr Pfarrer
muss es haben.

Dann
will die Mutter
es nicht mehr haben
aber der Vater
will es.
Der Herr Doktor spricht
von Indikationen.
Der Herr Pfarrer
muss es immer noch haben.

Auf dem Weg
des geringeren Widerstands
kommt es schließlich
das Kind -
ungefragt.

Gnade

Ich werde Neger mit Köpfen
machen
beschloss der Herrgott
bei der Schöpfung
gnädig.

Freiheit des Dichters

Ich bin so frei
dass ich
zwischen zwei Gedichten
ein Gnadengesuch
schreiben kann
ans Finanzamt.

Weiße Eminenz

Bitte kein Valium
Herr Doktor
mein Blutdruck ...
sagte der Patient
höflich
im Krankenhaus.

Hören Sie auf zu denken
ich denke für Sie
sprach der Arzt
und spritzte.

Nach dem Ableben
des Patienten
dachte der Arzt:
Hab ich mir's doch gedacht!

Richtigstellung

Was heißt hier
Ausländerfeindlichkeit?
In unserer Nachbarschaft
wohnt
ein Luxemburger
und er wohnt dort
ganz unbehelligt!

Frage

Wie heißt denn
eigentlich das
was man bei Frauen
Nymphomanie
nennt
bei Männern?

Mein Gott!

Erdbeben in China
280 000 Tote.
Na, da bleiben ja
noch genug übrig.

Fähre vor den Philippinen
gesunken
480 Tote.
Viel zu vollgestopft
die Dinger.

Bus in den Anden
200 Meter abgestürzt
85 Tote.
Donnerwetter
200 Meter.

In der Lohengrinstraße
trächtige Dackelhündin
überfahren -
mein Gott!

Credo

Ein Gedicht
das man gern zweimal lesen will
erfüllt den Zweck, verschafft Genuss.
Ein Gedicht
gehört dann schleunigst in den Müll
wenn man es zweimal lesen muss.

Kompetenz

Der Herr
der es zu verhindern wusste
dass im Schwimmbad
der feudalen Wohnanlage
in der er bescheiden lebt
eine Familien-nackt-bade-stunde
eingeführt wurde
tat dieses
mit der ganzen Kompetenz
seines Amtes
als Kultusminister
das ihn befugt
zu entscheiden
wie Sexualerziehung
an den Schulen
auszusehen hat.

Tod auf der Safari

Er pustete und pustete
als es sein Leben galt.
Doch vergebens:
nicht jeder Löwenzahn
wird zur
Pusteblume.

Trost

Schlappschwanz
hat sie gesagt
als er beim Liebemachen
an der Donauböschung
nicht konnte.
Er hat sie erwürgt
und in den Fluss
geworfen.

Im Dorfwirtshaus
sagte einer
am Stammtisch:
Wenn der aus dem
Gefängnis kommt
kann er bestimmt!

Vorbeigeträumt

Ich möchte so gerne
einmal
der Papst sein
und seine Macht
ausnützen
für die
Christlichkeit.

Noch nie / nie mehr

Am Anfang einer 'Liebe'
stehen oft die Worte
noch nie
und
nie mehr.

Gelogen
sind sie harmlos.
Ernst gemeint
sind sie gefährlich -
für den
der sie sagt.

Überkorrekt

So, und jetzt
ganz tief durchatmen!
Nie hätte der Patient
es gewagt
sich dem Befehl des Doktors
zu widersetzen.
Er atmete oben ein
atmete durch
und
atmete unten aus.

Kleine Verwunderung

Es sind die
Herren Menschen
die sagen:
Ich habe nichts
gegen Türken
aber ihr Sinn
für Reinlichkeit
ist wohl doch nicht
so ausgeprägt …
über die sich Hüsseyin -
Aufsichtsperson
in der Herrentoilette
im Düsseldorfer Hilton -
wundert
wenn sie sich
die Hände nicht waschen
weil es
20 Pfennig
kosten würde.

Folgerung

Wenn der Briefträger
ein Einschreiben bringt
und ich unterschreibe
im Schlafanzug
morgens um elf
dann hält er mich
für einen Studenten.

Klage eines emanzipationswilligen Mannes

Ich bin ein großer Freund
von kleinen Zärtlichkeiten
jedoch
mein kleiner Freund
will immer große Zärtlichkeiten.

Eigentlich schön

Da hat doch kürzlich
einer
zu fremden Menschen
gesagt
dass sie ihm gefallen
und dass er gerne
reden würde mit ihnen.

Eigentlich schön - oder?
Aber doch bitte nicht
in einem Zugabteil
der Deutschen Bundesbahn ...

Im Wirtshaus

Aufmarsch
der Nickelbrillen
und Argumente.
Solidarität
mit der
ausgebeuteten
Arbeiterklasse …

Die alte Kellnerin:
Ein Schweinebraten
ein Bier
macht
dreizehnmarkvierzig.

Der gequälte Gast
kramt aus der Hose
dreizehnmarkfünfzig
und behauptet:
Stimmt so!

Passt!

Jeder Schuss ein Russ
jeder Tritt ein Britt
jeder Stoß eine Französin!

Kein Problem

Geschichten mag ich nicht schreiben
Aphorismen noch viel weniger
was ich mag, sind Gedichte.
Reimen kann ich nicht
also mach ich's
mit der
Anord
nung
der
Wo
rt
e
!

Bestätigung

Wenn im Polizeibericht
mal wieder steht
bei dem unbekannten Täter
soll es sich
um einen südländischen Typ
gehandelt haben
dann weiß der Herr Nachbar
warum er so gewählt hat
und nicht anders.

Übrigens

Es gibt da
in der Rechtsprechung
den ganz und gar
gebräuchlichen Begriff
der
elterlichen Gewalt -
hübsch, nicht wahr!?

Er taucht
übrigens
nur im Zivilrecht auf.

Clark Gable sei Dank!

Als sie schrieben
in der Zeitung
Männer
mit abstehenden
Ohren
seien besonders potente
Liebhaber
da hatten die Frisöre
kurzfristig
Hochkonjunktur.

Bilanz eines braven Bürgers

Ich hab gern getan
was gut und recht war
war stets ein unbescholtner Mann
hab gern gehorcht
dem Lebensgrundsatz:
auf Recht und Ordnung kommt es an.

Ich hab gern befolgt
der Mutter Weisung
des Pfarrers und des Lehrers Rat
hab gern erfüllt
was meine Pflicht war
betreffend Ehe und den Staat.

Ich hätt gern bescheidner noch gelebt
hätt gern des Guten mehr getan
doch ist's wohl so: der Mensch erstrebt
meist mehr als er erreichen kann.

Wenn mich der Tod einst niederstreckt
trät ich getrost vor Gott den Herrn
wär da nicht was, was mich erschreckt:
mit der Monroe hätt ich auch mal gern ...

Weibliche Logik

Sie meinte
sie sei durchaus
offen, zutraulich
und zärtlich -
man dürfe ihr
nur nicht
zu nahe kommen.

Alles noch in Ordnung

Wenn der Herr Biologielehrer
einmal im Jahr
circa drei Minuten
mit dem Zeigestock
über den Längsschnitt
des weiblichen Unterleibs
huscht
und dabei
Worte in den Mund nimmt
wie
Eierstock und Gebärmutter
dann
wölbt sich bei ihm die Hose.

Fehlinvestition

So ein Mist!
Da hat sie sich
mühselig
alle diese Vorurteile
aufgebaut
gegenüber dem Kerl
(es war viel Arbeit
schließlich hat sie ihn
gar nicht gekannt)
und jetzt hat er
mit ihr gesprochen
- alles umsonst!

Ist doch klar

Anstatt ihr zu helfen
hielt er erst einmal
einen Vortrag:
Na, Sie naives Huhn
das muss man sich doch
denken können
aber nichts im Kopf
diese Weiber ...
überlasst doch
das Autofahren denen
die was verstehn
davon ...
da setzen sie sich
hinters Steuer
mit lackierten Nägeln
und sind zu blöd
nachher
das Licht auszuschalten
ist doch klar
dass dann
die Batterie ...

Er wusste
wovon er sprach:
vor drei Tagen
war ihm dasselbe
passiert.

Ebenbild

Der liebe Gott
soll den Menschen
als sein Ebenbild
geschaffen haben.
Die, die das glauben
müssen eine traurige
Vorstellung haben
vom lieben Gott.

Kapiert

Aha, also:
ein Kosmopolit
macht keinen
Unterschied
zwischen
Rhode Island
Rhodos
und
Rhodesien!

Standesehre?

Immer wieder
passiert es
dass Leute
einen Job
nicht bekommen
weil sie
irgendwann einmal
in psychiatrischer
Behandlung waren.

Wie lange lassen die
sich das noch gefallen -
die Psychiater?

Zweck erfüllt

Kurz tauchte der Dichter
ans Licht
las aus seinem Werk
und erschuf
ein Heer von Fragezeichen.

Befriedigt
verkroch er sich wieder
ins geschwollene Dunkel
seines Olymps
und brütete
den nächsten Haufen
unverstandener Worte.

Richtiger Moment

Wenn die Frau Nachbarin
jetzt von der Leiter fällt
auf der sie steht
um mit dem Besenstiel
eine Spinnwebe
zu entfernen
die die Dachrinne
ihres Reihenhauses
verschandelt -
wenn sie jetzt runterfällt
dann hat ihr Tod
wenigstens einen Sinn.

Vorsicht!

Ein Philosoph
der aus dem Mund riecht
wird eine Philosophie
entwickeln
die schlüssig darlegt
warum der Mensch
lebensunfähig ist
wenn er nicht
aus dem Mund riecht.

Schlimme Zeiten

Schrecklich, schrecklich
wie sich damals
die Menschen verhielten
schlimme Zeiten
warn das
vor 150 Jahren ...
sagte der Vater
als sein Sohn ihn fragte
was er denn halte
von der Geschichte
mit diesem
Kaspar Hauser
dem rätselhaften Findling
der aus dem Wald kam
den die Leute erschlugen
weil er so anders war.

Dann schrieb er weiter
seinen Beschwerdebrief
an Neckermann-Reisen
betreffend den Umstand
dass im Ferienhotel
direkt nebenan
eine Familie
gehaust habe
mit einem
geistig behinderten Kind.

Nicht auszudenken

Was wäre
wenn er aus Menschlichkeit
versagt hätte?
Nicht auszudenken!
So aber hat er
die ihm vom lieben Gott
zugedachte Aufgabe
korrekt erfüllt.
Ich hoffe doch sehr
dass er dafür im Himmel
einen prächtigen Platz
bekommen hat -
dieser Judas.

Finale furioso

Vorvorgestern
hat ihm sein Chef
eine Abschiedsrede
gehalten -
die war schön.

Vorgestern
hat endlich einer
seine Tochter
geheiratet -
jung, dynamisch
und vermögend.

Gestern
hat er sein Eigenheim
übernommen -
schlüsselfertig.

Heute
ist er tot.

Sportsfreund

Er schwärmte
von der unerhörten Eleganz
der Skispringer
die
abhebend von der Schanze
vor seinem
gierigen Blick
vogelgleich durch die Lüfte
glitten.

Und dann in dem Moment
wo sie heil den Boden trafen
huschte über sein Gesicht
eine kleine
Enttäuschung.

Entzaubert

Herr Professor P.
eine Koryphäe
auf seinem Gebiet
hat heute
achtzehn Studenten
gemaßregelt
vierunddreißig Studenten
die Lust am Studium
verdorben
fünf Stunden geredet
gewichtig und unverständlich
Ansätze zu einer
umwerfenden Innovation
der Phänomenologie
des ontologischen a priori
entwickelt …

Zu Hause
schimpft ihn seine Frau
er solle sich in Zukunft
gefälligst
den Hintern besser abwischen
andernfalls
würde sie sich weigern
seine Unterhosen
zu waschen!

Ausgleich

Der Vater war im höchsten Grade
angestrengt
die Tochter hatte er beobachtet
wie sie vorm Haus
ihrem Freund einen Kuss gab
der Sohn hatte unter der Decke
onaniert.
Das bedeutete viele Schläge
viele Worte
über Moral
und die Drohung:
Wenn ich dich
noch einmal erwische ...

Zum Ausgleich
für die Strapazen
ging der Vater
in ein Etablissement
und ließ sich
von einer Dame in Leder
den Hintern versohlen.

Schwamm drüber

43 Prozent
und ein paar
Zerquetschte
genügten 1933
dem Kandidaten.
Grund zum Jammern:
Fast die Hälfte
des deutschen Volkes
hat damals ...

45 Prozent
und ein paar
Zerquetschte
genügten 1980
dem Kandidaten
nicht -
Schwamm drüber!

Handel

Kürzlich hat Werder
von Schalke einen Menschen
gekauft
der eigentlich lieber
zur Eintracht wollte
aber für die war er
zu teuer.

Auch Werder bekam
den Zuschlag nur
weil es an Schalke
einen anderen Menschen
auslieh
und auf die Leihgebühren
verzichtete.

Einfacher hatten es da
Hertha und der VfB
die tauschten einfach
zwei Menschen aus
im gegenseitigen
Einvernehmen
das ersparte ihnen
die Mehrwertsteuer.

Gottseidank!

Gottseidank
gibt es den
Verfassungsschutz -
er ist dazu da
um uns vor der
Verfassung
zu schützen.

Alptraum

Eines Nachts
kurz vor der Urlaubsreise
wachte er auf
aus einem Alptraum
schweißgebadet.
Er rüttelte seine Frau
und fragte sie:
Meinst du
dass es das gibt
- eine Negerin
als Flugkapitän?

Plus und Minus gleich Null

Zu viel Liebe gibt es nicht
denn:
Liebe ist gut.
Zu viel ist schlecht.
Gut und schlecht
heben einander auf.
Also ist
zu viel Liebe
keine Liebe.

Vision

Es stand ein Soldat
am Wolgastrand.
Er trank einen
Molotow-Cocktail
und im Background
spielte die dicke Berta
auf der Stalinorgel.
Es herrschte eine
Bombenstimmung.

Fürsorge

Das sind mir die Liebsten
die ihre Geilheit
verbergen
hinter väterlicher
Fürsorge
für Mädchen -
natürlich nur die hübschen.

Regierungsumbildung

Nach zunehmenden
Äußerungen des Unmuts
aus der Bevölkerung
die Regierung anbetreffend
gibt dieselbe
folgendes Revirement
bekannt:

Das Ministerium des Innern
übernimmt der Außenminister.

Der Justizminister
übernimmt das Ministerium
für Gesundheitswesen.

Der Verteidigungsminister
wird Finanzminister.

Der Finanzminister
wird Justizminister.

Das Außenministerium
wird der Minister
für Gesundheitswesen
übernehmen …

Hoffentlich
übernehmen
die sich nicht.

Betrifft: Spatzenkanone

Sollte man sich
im Freistaat
darauf einigen
künftig beim Einsatz
gegen Demonstranten
den Wasserwerfern
Brechmittel
beizumengen
dann könnte es
bei der Beschaffung
entsprechenden Materials
Schwierigkeiten geben.

Welcher Innenminister
lässt sich schon
gerne
verflüssigen?

Lehrauftrag

Dä dä dä däää
jaaaaa
gucke mal daaa
das Muhkühlein!
Muh muh muh
macht's Kühlein
sagt der Papa
zum Kleinkind
aus dem mal
was Großes
werden soll.

Fragen Sie Doktor D.

Sehr geehrter Herr Doktor!
Mein kleiner Bruder
hat eine Brieffreundin
in Thailand.
Er möchte sie
über Ostern
besuchen.

Meine Sorge ist nun
dass sich mein
kleiner Bruder
bei seiner Brieffreundin
irgend so ein Zeugs
holt -
Sie wissen ja
Thailand ...

Meine Frage ist:
kann ich mich
dagegen
impfen lassen?

Schuldfrage schon geklärt

Sollte es je
zum großen
letzten Krieg
kommen
dann doch nur
wegen der
gefährlichen
Umtriebe
destruktiver
Pazifisten!

Nachtgesang

Satte, fette, schlaffe Schläfer
füllen die Betten bis zum Rand
dünsten dumpf dem Tag entgegen
die Augen voller Sand.

Die Leisetreter schnarchen lauter
im Traum haut es so prächtig hin
aus dem Arsch des Chefs zu kriechen
morgen sind sie wieder drin.

Gequälte Lebensrandfiguren
heulen ihre Kissen nass
verrotzen den letzten Rest der Seele
und freuen sich auf den Hass.

Die Angst hat allerhand zu tun
sie kriecht von Haus zu Haus
hat manchen Alptraum anzubieten
und sucht sich Opfer aus.

Die Mächtigen liegen entmachtet
im Schlafanzug, es droht der Sturz
vom Sockel aus erhabener Pose
durch einen lauten Furz.

Der Tag hat Urlaub bis zum Wecken
er ruht sich aus für den alten Trott
dafür, dass er nichts Neues bringt
sorgt schon der liebe Gott.

(Wahrscheinlich
muss ich
davon ausgehen
dass mich viele
Freunde der Lyrik
nicht
für einen Lyriker
halten.

Hoffentlich
darf ich
davon ausgehen
dass mich viele
Feinde der Lyrik
auch nicht
für einen Lyriker
halten.)

(Epilog)

Inhalt